EDUARDO CAMPOS

Chico de Gois
Simone Iglesias

EDUARDO CAMPOS

UM PERFIL (1965-2014)

LeYa

Revisão de texto: Tiago Ramos
Diagramação: Abreu's System

DADOS INTERNACIONAIS DE CATALOGAÇÃO NA PUBLICAÇÃO (CIP)
ANGÉLICA ILACQUA CRB-8/7057

Gois, Chico de
Eduardo Campos: um perfil: 1965-2014 / Chico de Gois, Simone Iglesias. – São Paulo: LeYa, 2014.
96 p.

ISBN 978-85-441-0097-4

1. Campos, Eduardo, 1965-2014 2. Candidatos políticos – Brasil 3. Políticos – Brasil – Biografia 4. Eleições – Brasil 5. Brasil – Política e governo I. Título II. Iglesias, Simone

14-0607 CDD: 923.2

2014

TEXTO EDITORES LTDA.
[Uma editora do Grupo LeYa]
Rua Desembargador Paulo Passaláqua, 86
01248-010 – Pacaembu – São Paulo – SP – Brasil
www.leya.com.br

NOTA DO EDITOR

O dia 13 de agosto de 2014 ficará marcado como um dos mais trágicos da política brasileira. O dia em que morreu Eduardo Campos, uma das raras lideranças surgidas nesse cenário tão combalido da nossa política.

A LeYa, que tem se destacado na publicação de livros controversos sobre o cenário político brasileiro, tinha no prelo o lançamento de *O Lado B dos Candidatos*, dos jornalistas Chico de Gois e Simone Iglesias. No livro, os autores traçaram o perfil dos três principais candidatos à Presidência, destacando preferencialmente o lado menos conhecido de cada um, explorando aquilo que no contexto de uma campanha política não é devidamente explorado. Dilma, Aécio e Eduardo foram apresentados sem os costumeiros recursos pirotécnicos dos marketeiros de plantão, sem maquiagens, sem discursos prontos.

No contexto dessa tragédia, enquanto repensamos *O Lado B dos Candidatos*, decidimos publicar, em separado, o perfil de Eduardo Campos.

Fazer qualquer prognóstico sobre o que acontecerá com o processo eleitoral a partir de agora torna-se uma tarefa muito difícil. Os fatos nos atropelaram...

Mas a história permanece!

DOS AUTORES

Resistimos um pouco à ideia de lançar, neste momento, esta publicação. Desde as primeiras notícias da morte de Eduardo Campos, ainda desencontradas, mergulhamos na apuração comovida das causas e efeitos de tão prematura partida. Não é fácil lidar com a morte, principalmente quando somos levados pela nossa profissão a encará-la e fustigá-la. Não fazemos isso por prazer, mas pela necessidade e, inclusive, obrigação de bem informar. Nenhum jornalista lida com essas situações com naturalidade.

Eduardo Campos era uma figura querida em nosso meio, e pela sua importância política e pela dimensão do impacto de sua morte, percebemos que seria oportuno utilizar o perfil que fizemos ao longo dos últimos meses para o livro *O Lado B dos Candidatos* a fim de lhe prestar uma última homenagem.

Nesta publicação, apresentamos Eduardo Campos como um político cheio de planos, um homem com qualidades e defeitos, como qualquer um de nós. Nosso desejo é que este perfil sirva para preservar um pouco de seu legado de vida e sua memória.

O HOMEM QUE SEGUIU OS CAMINHOS DO AVÔ ATÉ A MORTE

Em 1982, Eduardo Campos contava 17 anos quando seu avô, Miguel Arraes, beirando os 66, elegeu-se deputado federal depois de quinze anos de exílio na Argélia. A participação na campanha rendeu a Eduardo o gosto pela relação com os eleitores e o aprendizado de como fazer política. Eduardo era um apaixonado pelo avô e lhe dedicava fidelidade. Seguiu seus ensinamentos e percorreu caminhos semelhantes aos do velho líder, embora tivesse em mente um futuro que Arraes não conseguira imaginar para si próprio: tornar-se presidente da República. Seguindo os passos do avô, Eduardo tornou-se deputado e virou governador de Pernambuco, com alta popularidade. Antes, foi ministro do ex-presidente Luiz Inácio Lula da Silva, a quem conhecera por intermédio do líder pernambucano. E, quando Arraes morreu, Campos o sucedeu no comando do PSB, embora tenha mudado um pouco o perfil do partido, levando-o mais ao centro. Quis o destino – ou seja lá o que for –, que Eduardo morresse no mesmo dia de Arraes: 13

de agosto. Eduardo Campos faleceu com pouca diferença de idade de Arraes quando este precisou sair do país: o candidato do PSB à Presidência tinha 49 anos, recém-completados; Arraes, tinha 51 quando foi obrigado a mudar-se com a família para a Argélia.

A morte precoce de um jovem candidato à Presidência da República não tem precedentes na história política do país. Embora estivesse estacionado com cerca de 8% das intenções de votos, segundo as pesquisas eleitorais, Eduardo Campos tinha convicção em sua vitória. Quando algum aliado lamentava a dificuldade de crescimento nas sondagens, Campos lembrava que isso não o abalava porque, em 2006, quando disputou o governo de Pernambuco pela primeira vez, também começou com baixas expectativas e praticamente derrotado pelos pessimistas. Para ele, a única diferença entre aquele pleito e o de 2014 era o fato de que, neste, sua margem de ação era muito maior e, para ir atrás do eleitorado, não era possível fazer trajetos de cem quilômetros de carro. O tamanho continental do Brasil obriga que os postulantes a presidente da República percorram milhares de quilômetros de avião. Eduardo não era conhecido pela imensa maioria da população, o que tornava sua missão de encontrar o eleitor ainda mais árdua, diferentemente da presidente Dilma Rousseff, por exemplo, que toda a nação sabe quem é e, portanto, pode concentrar sua campanha nos maiores redutos eleitorais.

Eduardo não tinha medo de viajar e via esses percursos com naturalidade. Quando governador de Pernambuco, não tinha tempo ruim que o detivesse. Se o compromisso era às 9h no sertão, saía cedo de casa para chegar a tempo. Na campanha presidencial de 2014, a dinâmica era a mesma. Os assessores eram os que mais sofriam para aguentar a vitalidade do candidato, sempre disposto a ir de um local a outro, de encontrar as pessoas na rua, subir em palanques, fazer carreatas. Puxou ao avô, que era querido dos eleitores de seu Estado e queria estar próximo deles para receber carinho e manter contato com aqueles que lhe confiavam o voto.

Arraes foi um daqueles políticos que entraram para a história do país e não apenas passaram pelos cargos para os quais foram eleitos. Embora tenha desenvolvido sua vida política em Pernambuco, Arraes nasceu em Araripe, no Ceará, em 15 de dezembro de 1916, e era o único filho homem da família de mais seis mulheres. Casado com Célia de Souza Leão, teve oito filhos. Após a morte da esposa, casou-se com Madalena Fiúza, que conhecera em Paris por intermédio de sua irmã Vitória, que vivia na capital francesa. Com ela teve mais dois filhos. Arraes recebeu uma herança política de forma transversal. Seu tio

Alexandre foi prefeito do Crato, no Ceará, e o primo José Alencar foi prefeito de sua cidade natal por diversos mandatos. Dos dez filhos, só Ana, advogada, ingressaria na vida eleitoral. Não pela mão do pai, mas usando do prestígio do filho, Eduardo, quando este já era governador. Uma neta de Arraes, Marília, filha de Marcos Arraes de Alencar e da psicóloga Sônia Valença Rocha, elegeu-se vereadora do Recife em 2008, reelegendo-se em 2012. Antes de tentar o caminho das urnas, Marília foi trabalhar no governo do primo, na Secretaria da Juventude e Emprego.

A tão esperada e sonhada Lei da Anistia, que possibilitou aos exilados brasileiros retornarem ao país, foi sancionada pelo então presidente João Baptista Figueiredo em 26 de agosto de 1979. Em menos de vinte dias, em 15 de setembro, às 6h, Arraes, o "Pai dos Pobres", alcunha que havia ganhado da população quando o golpe militar lhe cassou o mandato de governador, desembarcou no Rio de Janeiro, acompanhado de Madalena e quatro de seus filhos. Esperavam-no no aeroporto o senador Marcos Freire, o então ex-deputado Jarbas Vasconcelos, lideranças estudantis e artistas, como o cantor e compositor Chico Buarque de Hollanda, a atriz Marieta Severo, esposa de Chico na época, e o escritor Antonio Callado.

Desde que colocou os pés no Brasil, Arraes sonhava em voltar ao Palácio das Princesas, sede do governo pernambucano. Em 1982 ocorreria a primeira eleição direta para governadores desde o golpe militar, e Arraes pensou que poderia ser o candidato da oposição. Mesmo distante do país por tanto tempo, ele ainda tinha um bom capital político-eleitoral, sobretudo no interior do Estado. No entanto, para ser o candidato natural, faltava, antes, convencer seus próprios pares e forças partidárias dentro do PMDB. Os que haviam permanecido no país, embora respeitassem a história daqueles que tiveram de se exilar no exterior, acreditavam que tinham a preferência e, portanto, deveriam assumir as candidaturas majoritárias.

Jarbas Vasconcelos, que fora deputado estadual e federal, mas acabou derrotado para o Senado em 1978, era um desses políticos preocupados em manter seu espaço. Mas não o único. Um ano antes das eleições de 1982, o grupo dele lançou o nome de Marcos Freire para o governo do Estado, deixando Arraes sem muitas opções, já que o seu principal objetivo, ao retornar ao país, era voltar a ser governador. Para o Senado, o escolhido foi Cid Sampaio, que, em 1978, no Arena, contribuíra para a derrota do próprio Jarbas graças a uma excrescência legal da época, o que dava ao Arena o direito de ter sublegendas – na prática, era como se dois arenistas se juntassem contra um emedebista. Por conta disso, embora Jarbas tivesse tido o maior número de votos individuais para o Senado em 1978, o eleito foi Nilo Coelho, que somou seus votos aos de Cid Sampaio, concorrente pela sublegenda dois.

O PMDB estava rachado, mas era preciso manter as aparências. Afinal, era a festa da democracia, e não ficava bem chegar ao baile sem um par fixo. Portanto, mesmo tendo de adiar seus planos, não sobrou muita opção a Arraes senão apoiar Marcos Freire para o governo. A Miguel caberia disputar uma vaga na Câmara. Jarbas fez o mesmo. E Chico Buarque fez uma música para embalar a campanha da oposição em Pernambuco. Ele mudou a letra do frevo "Vassourinhas", para animar os correligionários de Freire. Mas de nada adiantou. O vencedor daquela eleição para governador foi Roberto Magalhães, que representava as forças mais à direita no espectro político da época, quando direita e esquerda ainda tinham contornos nítidos. Para o Senado, o eleito foi Marco Maciel, que saíra do Arena e entrara direto no PDS – que posteriormente teve uma parte transformada em PFL e DEM. Arraes obteve 191.471 votos, e Jarbas ficou logo em seguida, com 172.004.

Embora cada um, a seu modo, procurasse manter e ampliar seu espaço, Arraes apoiou Jarbas na eleição para prefeito do Recife, em 1985. Naturalmente, esse engajamento não era uma ação franciscana, sem pensar em algum retorno. Arraes via na eleição de Jarbas uma oportunidade de tirá-lo do páreo na eleição seguinte, em 1986, para o governo de Pernambuco – este, sim, o verdadeiro objetivo dele. Mas o PMDB, mais uma vez, dividiu-se. O deputado Sérgio Murilo lançou seu nome para a disputa, apoiado por Cid Sampaio. Sem muitas opções, Jarbas saiu do partido e filiou-se ao PSB – portanto, foi socialista antes mesmo do próprio Arraes e do neto dele, Eduardo. Em uma campanha altamente agressiva e polarizada contra Murilo, Jarbas saiu vencedor, e Arraes tirou do caminho, naquele momento, um opositor. Estava livre para, em 1986, tentar retornar ao Palácio das Princesas.

O oponente de Arraes foi José Múcio Monteiro, cuja família era proprietária de um terço das 44 usinas de açúcar no Estado. No livro *Arraes*, a jornalista Tereza Rozowykwiat lembra do engajamento de diversos artistas na campanha do velho líder. Num período em que era possível a participação de músicos em comícios, Tereza relata que grandes nomes da MPB fizeram questão de se unirem à campanha. Chico Buarque, Paulinho da Viola, Fagner, João Nogueira e inclusive o cineasta e hoje comentarista político Arnaldo Jabor, estiveram nos comícios em apoio a Arraes. Tereza também destaca que Chico

Buarque promoveu uma partida de futebol cujo técnico de sua equipe foi João Saldanha, ex-técnico da seleção brasileira.

Entre os entusiastas de sua campanha, estava o neto Eduardo Campos, que contava com 21 anos e era participante ativo de comícios e caminhadas. Magro, com uma testa proeminente, os cabelos crespos encaracolados e de olhos azuis, Eduardo aparecia nas fotos com frequência, seguindo os passos do avô. Eduardo se postava de forma muito natural, com gestos espontâneos e, ao mesmo tempo, sem afobação, e sua presença, naquele instante, servia apenas para um registro posterior na história, em um momento que depois viria a ter significado. Eduardo sempre foi precoce. Entrou na Universidade Federal de Pernambuco (UFPE) em 1982 para cursar Economia e graduou-se com 20 anos. Herdou do avô o gosto pela política. Ainda na faculdade, participou ativamente do movimento estudantil e acabou eleito para presidir o Diretório Acadêmico.

Tereza Rozowykwiat lembra que a eleição de 1986 para governador foi muito acirrada. Sem que Eduardo Campos se desse conta, o episódio serviria quase como uma pós-graduação para ele:

> Apesar da grande mobilização, a campanha de 1986 não foi fácil para Arraes. Em setembro, uma pesquisa

indicava empate técnico entre os candidatos, com José Múcio, do PFL, obtendo 41% das intenções de votos, contra 42% para Arraes. Paralelamente, o candidato da Frente Popular (Arraes) enfrentava a contrapropaganda do adversário, que, através de panfletos apócrifos, acusava Arraes de incitar a luta armada, de ter enriquecido com negócios escusos na Argélia e de ser comunista. Pichações com desenhos da foice e do martelo (símbolos da então ainda poderosa União Soviética) anunciavam: "Ele está voltando".

Em 1986, a democracia ainda engatinhava com dificuldade no país. Tudo era novidade. Era apenas a segunda vez que a maior parte da população poderia votar para governador, e a derrota da emenda Dante Oliveira, em 1984, que restituiria aos eleitores o direito de escolher livremente o presidente da República, ainda estava fresca na memória nacional. Pesava também o falecimento repentino de Tancredo Neves, eleito presidente na última eleição realizada pelo Colégio Eleitoral, mas que morrera logo em seguida, em 21 de março, colocando o país inteiro de luto e com um ponto de interrogação sobre seu futuro. Nesse ambiente de incerteza, aconteceram debates entre os concorrentes aos cargos de governador, transmitidos pela televisão. No primeiro embate, na Rede Globo, Arraes e José Múcio praticamente empataram, embora os "pró-Arraes" tenham puxado a sardinha da vitória para seu lado. Apesar de defender a democracia – e de ter sido vítima da ditadura e de seus corolários, como a censura –, Arraes não compareceu ao segundo debate, realizado na extinta TV Manchete. Para justificar a ausência, valeu-se de uma formulação genérica: o comando da campanha alegou que seu candidato não iria por causa do baixo nível da campanha.

No dia da votação, conforme relata Tereza Rozowykwiat, Arraes chegou à sua zona eleitoral acompanhado da mulher e, mais uma vez, do neto Eduardo Campos. Abertas as urnas, confirmou-se a vitória do "Pai dos Pobres". Logo em seguida iniciou-se a vida pública de Eduardo Henrique Accioly Campos, que tentaria chegar aonde o avô nunca teve oportunidade: à Presidência da República.

ASSESSOR PESSOAL

Eduardo Campos foi escolhido pelo avô para ser seu chefe de gabinete, uma função importante. No cargo, ele passou a receber a visita de políticos regionais e nacionais. Ouvia demandas, despachava ordens do avô para os secretários e tomava pé do dia a dia do governo. Além do neto, Arraes também indicou para compor seu secretariado o genro, o escritor Maximiano Campos, que tornou-se responsável pela Pasta da Cultura, Turismo e Esporte. Apesar de ter um discurso de enfrentamento às práticas adotadas pelas oligarquias, como o nepotismo, Arraes, uma vez no poder, não pensou duas vezes em trazer para junto de si alguns de seus parentes – medida que Eduardo também adotaria ao assumir o governo de Pernambuco vinte anos depois. O secretariado de Arraes procurava mesclar nomes ligados à esquerda com outros com histórico moderado ou mais conservador. No entanto, a nomeação do general de brigada Evilásio Gondim para assumir a Secretaria de Segurança Pública deixou muitos de seus aliados irritados. No currículo de Evilásio constava, por exemplo, que ele havia sido chefe regional do temido Serviço Nacional de Informações (SNI). Arraes contemporizou e disse que era preciso trazer os militares para a nova ordem democrática do país. E Eduardo aprendeu mais uma lição: na vida pública, há que se saber somar e amenizar as contendas, sob o risco de inviabilizar o governo.

A eleição de Arraes deveu-se, em parte, à sua própria história, mas também a uma ajuda do Plano Cruzado, lançado em fevereiro daquele ano pelo presidente José Sarney (PMDB) para tentar debelar a inflação. Graças ao sucesso imediato do programa, o PMDB elegeu 22 dos 23 governadores que existiam na época, antes da Constituição de 1988 – entre eles, Fernando Collor de Mello, em Alagoas. Restou ao PFL, que integrava a base do governo federal, a eleição, em Sergipe, de Antonio Carlos Valadares, que depois se mudaria para o PSB. Entre as medidas de impacto do Plano Cruzado, e que caíram no gosto popular, estava o congelamento de preços, a substituição do Cruzeiro e a adoção de um gatilho salarial cada vez que a inflação chegasse a 20%. Os brasileiros se engajaram firmemente no apoio ao plano, na esperança de que ele pudesse acabar com a inflação. Populares passaram a se autodenominar "fiscais do Sarney", denunciando supermercados e outros estabelecimentos que aumentavam os preços. Mas a ausência de controle nos gastos do governo, a falta de fiscalização, a aposta no congelamento e a redução das reservas levaram o Cruzado a pique. A falência do modelo, no entanto, ocorreu depois das eleições, quando o PMDB já dominava os Estados e a maioria do Congresso. Graças ao plano, o partido elegeu 260 deputados e 38 dos 49 senadores nomeados – na época, a Câmara tinha 487 parlamentares; e o Senado, 72.

O fracasso do plano deixou os Estados em má situação fiscal. Arraes, que nunca morrera de amores por Sarney, a quem enxergava como um político alinhado aos militares – o que ele de fato era, pois havia apoiado o golpe de 1964 e fora líder do governo neste período –, começou a deixar claras suas divergências. Sarney, por sua vez, também não tinha Arraes em boa conta, e procurou impor-lhe dificuldades políticas. Uma das ações adotadas pelo presidente, para desgosto e irritação do governador, foi nomear para o Ministério do Interior o ex-prefeito do Recife Joaquim Francisco (PFL), um dos grandes opositores de Arraes. Depois, assumiu como superintendente-adjunto da Sudene o deputado Romário Dias (PFL). Para completar, o governo federal anunciou que a tão esperada refinaria prometida para Suape não seria mais construída lá; em vez disso, a Petrobras investiria na duplicação do polo petroquímico de Mataripe, na Bahia, e faria uma refinaria no Maranhão ou no

Ceará – a estatal deixou o projeto da nova planta no Maranhão maturando até 2010.

Embora estivesse no PMDB, Arraes sentia que ali não era seu lugar. Ele discordava de Sarney, e dizia que o PMDB do presidente não era o dele. Em 1989, o governador também não concordou com a candidatura de Ulysses Guimarães, o "Senhor Diretas", à Presidência. Arraes fez "corpo mole" no apoio ao presidente da Constituinte. Tereza Rozowykwiat conta um episódio que demonstra a astúcia de Arraes:

> Ainda no primeiro turno, Arraes vivenciou uma situação desconcertante. Ulysses havia agendado uma visita ao Recife. No mesmo dia, entretanto, no final da manhã, Lula foi ao Palácio das Princesas, acompanhado por Maurílio Ferreira Lima. Com a equipe em polvorosa, pois todos sabiam que o candidato do PMDB estava para chegar, Arraes recebeu o petista no primeiro andar e almoçou com ele. Antes da saída de Lula, contudo, chegou Ulysses, que foi conduzido ao segundo andar por secretários de Arraes, que tudo fizeram para evitar o encontro dos dois candidatos. Sem perder a calma, o governador, depois de conversar longamente com Lula, subiu para falar com Ulysses.

Também no primeiro turno, algumas lideranças nacionais procuraram o governador pernambucano para tentar atraí-lo para suas fileiras. O ex-governador Leonel Brizola, presidente do PDT, foi um deles e chegou a ir pessoalmente ao Palácio das Princesas para conversar com Arraes. Na ocasião, Brizola era candidato a presidente. Mas Arraes, apesar de se permitir fotografar ao lado do velho caudilho, não se deixou levar. Sabia que o PDT era totalmente dominado por Brizola, que não aceitaria dividir o comando e o estrelato com ninguém – e Arraes queria espaço. Depois das eleições presidenciais, com o naufrágio da candidatura de Ulysses, que ficou em sétimo lugar, com 4,4% dos votos válidos, o governador pernambucano retomou as negociações para deixar o PMDB. O partido escolhido foi o PSB. Apesar de ter sido fundada em 1947, a legenda ficou proibida por causa do golpe militar e do bipartidarismo, só voltando à ativa em 1985 – o registro definitivo no Tribunal Superior Eleitoral (TSE) ocorreu em 1988.

Arraes filiou-se ao PSB em março de 1990, levando consigo 38 lideranças políticas de seu Estado, mais a família: a filha Ana e o neto Eduardo Campos também assinaram a ficha no novo partido. A legenda era presidida, na época, pelo médico Jamil Haddad. Três anos depois, Arraes tornou-se o presidente do partido. Embora alegadamente democrata, permaneceu no posto por 12 anos, até sua morte, em agosto de 2005, quando a presidência da legenda passou para Eduardo Campos. No mesmo mês da morte de Arraes, o PSB alterou seu estatuto para dar mandatos de três anos para os diretórios nacional e regionais e suas respectivas executivas. Em junho de 2008, foi ratificada a decisão. Em dezembro de 2011, Eduardo foi reeleito, mais uma vez, para o cargo herdado do avô.

Logo depois de se filiar ao PSB, Arraes deixou o governo do Estado para concorrer a uma cadeira na Câmara dos Deputados. Fez dobradinha com o neto, que se candidatou a deputado estadual. O ex-governador obteve 339.158 votos, tendo sido o candidato mais votado do Brasil, contribuindo para eleger mais cinco deputados ligados a ele, graças ao coeficiente eleitoral; Eduardo Campos somou 22.477 votos e ficou em terceiro lugar no Estado. Para o governo de Pernambuco, a família Arraes apoiou apenas formalmente Jarbas Vasconcelos, sem se empenhar, de fato, em angariar votos para ele. Jarbas ficou irritado com a falta de engajamento e, em sua avaliação sobre os motivos da derrota, colocou na conta do ex-governador uma parcela bem grande de culpa. Dois anos depois, na eleição para a prefeitura do Recife, Jarbas procurou restabelecer a aliança com Arraes – embora de forma oblíqua. Ele queria Sérgio Guerra como vice em sua chapa. Na época, Guerra estava filiado ao PSB, mas depois se mudou para o PSDB, partido que presidiu. Arraes, porém, não topou, e indicou Eduardo Campos para a composição. Foi Jarbas, então, quem não aceitou. A ideia de Arraes ao escolher o neto para ser o vice de Jarbas tinha um componente prático: se fosse eleito, dificilmente Jarbas abandonaria a prefeitura nas mãos de um integrante da família Arraes para disputar o governo do Estado em 1994. Assim, Arraes queria amarrar Jarbas, evitando tê-lo como oponente para o Palácio das Princesas.

Sem acordo, o ex-governador lançou o neto para disputar a prefeitura do Recife. Foi a primeira eleição para cargo majoritário de Eduardo Campos. Naquele pleito, um outro neófito em disputas para cargos executivos se apresentou: o deputado estadual Humberto Costa (PT), que, assim como Jarbas, depois se tornaria um dos principais adversários de Eduardo. A contagem das urnas consagrou Jarbas como o vencedor, dando-lhe, pela segunda vez, o cargo de prefeito do Recife. Dos seis concorrentes, Eduardo acabou em quinto na corrida. Humberto Costa saiu-se melhor, e ficou em segundo lugar.

NAS PEGADAS DE ARRAES

Em 1994, Arraes estava no páreo novamente para disputar o governo do Estado. Mais uma vez, deixou como herança para o neto seu antigo posto: a cadeira de deputado federal. A família avaliava que era importante ter um dos seus em Brasília, conquistando um assento na Câmara, mesmo que depois precisasse se licenciar para outras atividades. Arraes compôs uma chapa tendo como vice o então presidente da Assembleia Legislativa, Jorge Gomes, e, para o Senado, trouxe para a composição política Armando Monteiro Filho (PDT), que havia sido ministro da Agricultura durante o mandato presidencial de João Goulart, de setembro de 1961 a junho de 1962. A escolha de Arraes demonstrou sua capacidade de aglutinar forças. Monteiro Filho – pai do atual senador Armando Monteiro Neto (PTB), que disputa o governo de Pernambuco em 2014 contra Paulo Câmara (PSB), candidato de Eduardo Campos – havia disputado o governo do Estado em 1962 justamente contra Arraes, para o qual perdeu. Em 1994, Monteiro Filho também não conseguiu uma vaga no

Senado. A outra aposta de Arraes foi Roberto Freire, do PPS, partido que nasceu em 1992, depois de enterrar o antigo e histórico Partido Comunista Brasileiro – desde a fundação do PPS, Freire continua como presidente inconteste da legenda. Eduardo Campos obteve 133.347 votos, mas o mais votado para a Câmara naquele ano foi o ex-governador Roberto Magalhães (PFL), que foi reeleito com 229.483 votos. O PFL disputou o governo estadual com Gustavo Krause. Embora o PMDB de Jarbas Vasconcelos tenha lançado candidato próprio (o ex-governador Cid Sampaio), o partido acabou em terceiro, com apenas 7,27% dos votos – Arraes obteve 54,12%, elegendo-se no primeiro turno; e Krause, 32,57%. Jarbas não apoiou a candidatura de Sampaio, com quem nunca se deu bem. Optou por fazer campanha por Krause. Àquela altura, Jarbas e Arraes já estavam em lados totalmente opostos. O nome do então prefeito do Recife chegou a ser ventilado como possível candidato ao Palácio das Princesas, mas Jarbas não quis concorrer. Ele escreveu uma carta explicando os motivos pelos quais não iria disputar as eleições, destilando todo seu veneno em Arraes, a quem classificou de coronel ultrapassado, populista retrógrado e cuja eleição, caso ocorresse, significaria um malfadado desempenho administrativo. O livro da jornalista Tereza Rozowykwiat traz trechos da missiva:

> Pernambuco não pode ficar à mercê de um projeto pessoal embalado ao sopro de perspectivas de êxito puramente eleitoral, assentado na manipulação momentânea das perspectivas de segmentos menos informados da população. Um projeto destituído de conteúdo programático, além de prenunciador, conforme a experiência já provou, do malfadado desempenho político e administrativo, como é o caso da candidatura do Partido Socialista Brasileiro. Tal perspectiva exige de todos um esforço de superação de intolerâncias, de harmonização de divergências menores, em benefício do objetivo maior de soerguer o Estado, reconhecendo com lucidez e objetividade que essa não pode ser tarefa de um 'messias' populista que assenta seu prestígio na prática retrógrada de um coronelismo ultrapassado, porque soerguer o Estado constitui responsabilidade histórica de todos os pernambucanos que amam sua terra e sua gente.

Nas eleições de 1994, a primeira com Arraes na presidência nacional do PSB, o candidato Lula não se saiu bem no Estado. O cenário local refletiu o nacional, e o petista foi derrotado por Fernando Henrique Cardoso (PSDB). Em Pernambuco, no primeiro turno, Lula obteve 949.865 votos, contra 1.381.756 para FHC. Lula só sagrou-se campeão de votos em Pernambuco a partir da eleição de 2002. Na época, mesmo tendo Jarbas como adversário no plano local, o petista somou mais de 600 mil votos à frente de José Serra (PSDB). O candidato do PT naquela eleição para governador foi Humberto Costa, que ficou em segundo lugar. O PSB de Arraes e Eduardo Campos lançou o ex-secretário de governo Dilton da Conti, mas o desempenho foi pífio: 128.814 votos.

Uma vez eleito, Arraes tratou de formar seu novo secretariado. Eduardo Campos, na época, tinha 29 anos, e trazia como experiência a prática de chefe de gabinete de seu avô, uma eleição bem sucedida para a Assembleia Legislativa em 1990, um péssimo desempenho na eleição para prefeito, em 1992, e uma boa, mas não ótima, votação para deputado federal em 1994. Estava na hora de dar a ele funções com maior responsabilidade e habituá-lo ao exercício dos mandos e desmandos do Executivo. Primeiro, Arraes escolheu o neto para ser seu secretário de Governo; depois, para atuar à frente da Secretaria da Fazenda. Começava, assim, a trajetória de Eduardo Campos num cargo de mando no Executivo.

MALUF E PITTA NO MEIO DO CAMINHO

Arraes assumiu o governo quando o Real estava se consolidando e Fernando Henrique Cardoso tomava posse de sua primeira gestão, tendo como vice o ex-senador Marco Maciel, do PFL pernambucano. Não seria uma tarefa fácil. A receita do Estado despencava, enquanto as obrigações só aumentavam. A dificuldade em obter recursos viu surgir uma oportunidade por meio de uma ação que parecia mágica. Funcionava da seguinte maneira: o Estado ou o município emitia títulos públicos para pagar precatórios, que são dívidas consolidadas, provenientes de ações já julgadas pela Justiça. A emenda constitucional número 3, de 1988, permitiu que esse tipo de transação fosse realizada, mas o valor arrecadado deveria ser utilizado apenas para essa obrigação. Os títulos públicos são letras financeiras que podem ser negociadas no mercado para antecipar a arrecadação do Estado ou do município e, dessa forma, quitar o débito dos precatórios, muitos dos quais de caráter alimentício. O esquema permitia que os governos ou prefeituras emitissem títulos acima do valor do débito. O que sobrava era utilizado para custear despesas, o que não era permitido. Alguns governantes tomaram esse caminho e se arrependeram depois, quando o caso virou um escândalo. Entre os que optaram pela maneira fácil de fazer dinheiro estavam o próprio Arraes, por meio de seu secretário da Fazenda, Eduardo Campos, os governadores de Santa Catarina, Paulo Afonso Vieira, de Alagoas, Divaldo Suruagy, o então prefeito de São Paulo, Paulo Maluf, e seu sucessor, Celso Pitta, além das prefeituras de Campinas, Osasco e Goiânia.

Para que a roda se movesse e gerasse energia para abastecer caixas e bolsos, naturalmente havia um componente financeiro que envolvia outras pessoas. Wagner Baptista Ramos, ex-coordenador da dívida pública municipal de São Paulo, tratou de pôr em funcionamento a engrenagem. Para superfaturar os títulos que deviam ser emitidos, ele embutia correção monetária nos precatórios que teriam de ser saldados. Os processos eram feitos sem licitação, intermediados por instituições financeiras que depois adquiriam os títulos com valor abaixo do de mercado, o que gerou uma "cadeia da felicidade". O lucro com a transação era remetido a terceiros, por meio de operações aparentemente fictícias. Valeram-se do esquema instituições financeiras como o Banco Vetor, as corretoras Split e Paper e o Banco Bradesco, destinatário de 76,5% dos títulos emitidos somente pelo governo de Pernambuco.

Uma Comissão Parlamentar de Inquérito (CPI) foi instalada no Senado em dezembro de 1996 e apurou, por exemplo, que em apenas um único dia o então secretário de Finanças de São Paulo do governo Maluf, Celso Pitta, ocasionou um prejuízo de R$ 3,9 milhões para a prefeitura. Em 27 de setembro de 1995, Pitta determinou, por ofício, que o Banco do Brasil vendesse um lote de R$ 70 milhões de títulos do município. Ao final do mesmo dia, o Bradesco havia adquirido as notas por R$ 73,9 milhões, mas em vez de comprar diretamente do Banco do Brasil, a instituição privada participou de uma roda viva. Os títulos passaram pelo Banco Indusval e pelas distribuidoras Paper e JHL. A CPI descobriu que a Paper operava para o Bradesco, e a JHL era laranja de uma corretora chamada Split. Nesse mesmo dia, o Banco Vetor teve um lucro de R$ 646 mil. O problema ficou maior quando se descobriu que, embora o ofício de Pitta para o Banco do Brasil tenha sido datado de 27 de setembro de 1995, cinco dias antes a Paper já tinha ordem para adquirir os títulos, o que demonstrava um jogo de cartas marcadas.

O relatório da CPI, no capítulo dedicado a Pernambuco, traz como preâmbulo a seguinte informação: "Coube ao estado de Pernambuco a infeliz posição de ser o mais perfeito, exaustivo e rico exemplo de atuação do esquema de sujeiras com o dinheiro público." O pedido de autorização ao Banco Central para a emissão das letras financeiras foi feito, constatou a CPI, com base em informação falsa. A Constituição de 1988 autorizou esse tipo de expediente para pagamento de precatórios judiciais desde que o Poder Executivo – no caso, os governos estaduais ou prefeituras – tivesse anotado os valores que deveriam ser pagos e parcelados em até 180 dias da promulgação da Constituição, cujo prazo havia se esgotado em 3 de abril de 1989. Na época, o estado de Pernambuco emitiu um decreto para se conformar com o texto constitucional, autorizando o Poder Executivo a parcelar os débitos de precatórios pendentes até a promulgação da Constituição, em 5 de outubro de 1988. No entanto, apesar de ter cumprido a norma constitucional, o Estado não dividiu a dívida anualmente, mas quitou os atrasados em cinco parcelas mensais entre 1989 e 1990. Mas o governador Miguel Arraes, ao pedir autorização do Banco Central para emissão de títulos para o pagamento de precatórios, informou, erroneamente, que precisava do dinheiro para pagar as sétima e oitava parcelas de um débito que já havia sido quitado.

O texto do relatório final da CPI detalha como o Estado começou a participar da "roda da fortuna", como os próprios senadores descrevem os acertos. Um empreiteiro de Goiânia, Cláudio Antônio da Pádua Freitas, foi quem apresentou os sócios do Banco Vetor para integrantes do governo pernambucano – o relatório final não diz exatamente quem, mas registra que a proposta foi aceita informalmente por Eduardo Campos, então secretário da Fazenda do governo do avô. Acertou-se que o banco faria a modelagem, o planejamento, a estruturação, a assessoria técnica, ofertaria as letras financeiras e executaria o gerenciamento das transações. Como pagamento, receberia 7% do montante colocado no mercado. Eduardo Campos era homem de confiança do governador e exercia sua primeira experiência como administrador público. Como esse tipo de transação era uma novidade na praça, ele foi buscar ajuda com quem já operava nesse meio. Por isso, mesmo sem contrato assinado, como frisou o relatório da CPI, uma equipe da Secretaria de Finanças da Prefeitura de São Paulo – só para relembrar, o secretário era Celso Pitta, e o prefeito Paulo Maluf – "passou a trabalhar na fabricação dos precatórios de Pernambuco durante os meses de janeiro a abril de 1996".

O texto final da CPI destaca que, na data do leilão das letras financeiras de Pernambuco, foi firmado um contrato entre o Banco Vetor e o governo, por meio do Banco do Estado de Pernambuco (Bandepe).

Segundo o relatório, o acordo possuía inúmeros vícios, entre eles a dispensa de licitação e a entrega da transação a um banco que nunca havia realizado colocação de letras financeiras estaduais. E as letras que já tinham sido postas à venda, no caso as do município de São Paulo, haviam provocado prejuízo para a cidade. Eduardo Campos foi chamado para depor na CPI em fevereiro de 1997. E não falou a verdade, como apontam os documentos da comissão. Negou, por exemplo, que Wagner Baptista Ramos, ex-coordenador da dívida pública de São Paulo e apontado como o mentor do esquema, tivera alguma participação no processo de emissão, elaboração dos cálculos e negociação dos precatórios de Pernambuco. Embora fosse o secretário da Fazenda, Eduardo disse que só tomou conhecimento desse fato pela TV Senado.

No subcapítulo "As cadeias da felicidade com os títulos de Pernambuco", o senador Roberto Requião (PMDB-PR) afirma que o leilão para a venda das letras financeiras do Estado de Pernambuco foi feito sem o prazo e a divulgação devidos. O edital foi publicado em 12 de julho de 1996, e o leilão em si ocorreu um dia depois. O relator observou que foram montadas nove cadeias de negociações, das quais duas se destacavam por significarem mais de 75% do total negociado e por serem exatamente iguais. Ocorreram em 23 de julho e 31 de julho de 1996, quando foram ofertados 289.800 títulos pelo Banco Vetor a um valor de R$ 235 milhões. O Bradesco foi o maior comprador, o que permitiu, segundo apurou a CPI, a distribuição de R$ 49,5 milhões de lucro para os participantes do esquema. Essa transação chamou a atenção da CPI porque foi a maior, em volume de negociações, "e mais ousada das cadeias", fez questão de anotar o relator.

Uma auditoria do Tribunal de Contas do Estado (TCE), feita a pedido da CPI, concluiu que dos precatórios pagos com recursos levantados por meio da emissão de títulos apenas R$ 234 mil correspondiam a débitos pendentes e passíveis de serem pagos com esse tipo de transação. Mas o Estado havia emitido muito mais do que isso: R$ 480 milhões. Para justificar esse valor, descobriu a CPI, o governo de Pernambuco, amparado pelo Banco Vetor, cuidou de se valer de correção monetária que não incidiria nos pagamentos.

A CPI verificou que Pernambuco não era muito zeloso com suas contas. Os precatórios eram pagos com base em uma lista inscrita no livro de credores do Estado. Mas havia vários erros, como a conversão incorreta de moedas por conta dos vários planos econômicos pelos quais o país passou, imprecisões na transcrição de dados contidos no próprio livro e inclusão do mesmo precatório mais de uma vez na lista enviada ao Banco Central e ao Senado. Os senadores apuraram que em 13 precatórios não haviam sido cortados os três zeros quando da conversão do Cruzado para o Cruzado Novo. Em apenas um caso, por exemplo, o beneficiário receberia R$ 350 milhões dos R$ 480 milhões arrecadados com a emissão das letras financeiras. Conforme anotou Requião em seu relatório:

> Ou seja, 73% do valor da emissão dos títulos de Pernambuco resultou de um equívoco: não se cortaram os três zeros do valor de uma ação que, mesmo atualizada pelos questionáveis métodos de cálculo, deveria resultar em aproximadamente R$ 350 mil. Resta saber se esse equívoco foi intencional ou não. Pesa contra o governo de Pernambuco o fato de a relação de precatórios apresentada ao Banco Central e ao Senado conter uma anotação referente a esse precatório em si. Lê-se, na nota de rodapé, que a ação do expropriado compreende mais de 300 favorecidos.

A situação de Eduardo Campos complicou-se porque, ao pedir autorização para a emissão dos títulos públicos, ele, na condição de secretário da Fazenda, enviou um documento no qual "declara, para os efeitos da Resolução 65/95 do Senado Federal, e sob as penas da Lei, que a emissão de Letras Financeiras do Tesouro do Estado de Pernambuco, solicitada pelo governo do Estado, refere-se a precatórios judiciais pendentes na data da promulgação da Constituição de 1988 e aos complementos dos oitavos". Conforme se descobriu depois, isso não era verdade.

Requião fez questão de escrever:

> O próprio secretário da Fazenda, em seu depoimento à CPI, desmente a declaração acima, deixando claro que o objetivo final da emissão dos títulos não era o pagamento dos precatórios, mas sim a obtenção de recursos para o caixa do Estado, procedimento rigorosamente inconstitucional.

De acordo com o texto final da CPI, o contrato com o Banco Vetor foi lesivo aos cofres do Estado. Em outro trecho, o relator destaca:

> Um outro ponto do contrato prejudicial ao Estado reside na cláusula 4, segundo a qual ao Banco Vetor é concedida exclusividade para a coordenação e colocação das LFTPE. O Banco Vetor só poderia exercer essa prerrogativa se o Estado não obtivesse êxito na oferta pública dos títulos. Logo, para ter lucro com a negociação dos títulos, o Banco Vetor precisaria que o leilão primário fracassasse. Abre-se, assim, uma armadilha para o Estado.

Um levantamento feito pelos técnicos do Tribunal de Contas do Estado (TCE-PE) demonstrou que o dinheiro arrecadado com as letras financeiras de Pernambuco não foi utilizado para o pagamento de precatórios. De acordo com o relatório, "o Estado utilizou o saldo remanescente das LFTPE na cobertura do déficit financeiro verificado no exercício de 1996, que, em 31 de dezembro daquele ano, montou, preliminarmente, em R$ 230.426.142,00. Coberto o déficit, permaneciam, ainda, aproximadamente R$ 145.800.000,00 dos recursos oriundos da venda das LFTPE, que estariam compondo as disponibilidades do Estado". Ou seja, estava claro o objetivo da emissão das letras: Pernambuco encontrava-se em sérias dificuldades financeiras, e não tinha de onde tirar dinheiro. Com o esquema da emissão de títulos, encontrou uma forma fácil de angariar recursos para quitar suas dívidas e ainda sobrar algum dinheiro em caixa para algum investimento.

Embora o relatório da CPI tenha sido contundente, acabou poupando os agentes políticos. Mas o Banco Central, não. A entidade monetária abriu um processo administrativo contra o Banco do Estado de Pernambuco (Bandepe) para apurar o "cometimento de infração grave, pela participação da instituição financeira em sistemática operacional idealizada com o propósito de propiciar a emissão, a colocação e a negociação irregulares de títulos públicos, atrelados ao pagamento de precatórios judiciais, com vistas à aferição de ganhos ilícitos, em detrimento de Estados e de municípios". Aos conselheiros do Bandepe – entre eles, Eduardo Campos – foi imputado pelo Banco Central a acusação de "cometimento de infração grave por terem se omitido em seu dever de fiscalização dos atos dos diretores". O banco e os conselheiros recorreram ao Conselho de Recursos do Sistema Financeiro Nacional (CRSFN). A defesa de Eduardo Campos alegou, de início, que a ação punitiva estava prescrita, uma vez que haviam se passado seis anos desde o fato (que se deu entre junho de 1995 e novembro de 1996) até a intimação (entre julho e agosto de 2002). Os advogados do ex-secretário da Fazenda também argumentaram que Campos só integrava o conselho do banco por força do cargo que ocupava e o Banco Central não tinha competência para julgar os atos praticados por um secretário de Estado. Além disso, a defesa alegou que a Assembleia Legislativa de Pernambuco havia autorizado a emissão dos títulos e aprovado as contas do governo de 1996, quando ocorreram as transações.

Porém, a maioria dos membros do CRSFN não acatou os argumentos de Campos. O relatório, de 14 de dezembro de 2009, de autoria da conselheira do CRSFN, Margareth Noda, foi um duro golpe contra ele: a maioria dos membros do CRSFN votou pelo acórdão que aplicou, como pena, a inabilitação de

Eduardo Campos e dos demais membros do conselho de administração do Bandepe por três anos. Por esse período, ele estaria impedido de exercer cargos de direção na administração ou gerência em instituições sob fiscalização do Banco Central.

Arraes, por ter mais de 70 anos, não sofreu nenhuma punição. O episódio dos precatórios foi fartamente utilizado pela oposição nas duas vezes em que Eduardo Campos disputou – e venceu – as eleições para o governo de Pernambuco, em 2006 e 2010. Mas, nessas ocasiões, nenhum adversário citou o acórdão do CRSFN, que punia o então candidato. Em fevereiro de 2012, o jornalista Andrei Meirelles, da revista Época, publicou uma reportagem na qual apresentou o documento que impedia Campos de atuar em órgãos financeiros. Já governador reeleito, ele declarou que a decisão do CRSFN não era definitiva. O governador recorreu, em 2011, ao próprio CRSFN. Um mês depois da matéria, por meio de uma liminar, o juiz federal substituto da 4ª Vara do Distrito Federal, Tales Krauss Queiroz, suspendeu a penalidade imposta pelo CRSFN. O magistrado justificou sua decisão afirmando que a quarentena de três anos já havia sido cumprida – embora o prazo de três anos vencesse somente em dezembro de 2012. A liminar garantiu a Eduardo Campos um atestado de que ele nada devia.

COM OS PRÓPRIOS PASSOS

O terceiro mandato de Arraes à frente do governo não foi dos melhores. Por falta de articulação política, o Estado perdeu investimentos de vulto, como a instalação de uma unidade da montadora General Motors, uma filial da então Companhia Vale do Rio Doce e até mesmo a refinaria de Abreu e Lima, que só passou a ser uma realidade durante o governo do ex-presidente Lula, que lançou a pedra fundamental em 16 de dezembro de 2005 – a obra é apontada como superfaturada em vários relatórios do Tribunal de Contas da União (TCU). Endividado, o Estado de Pernambuco, cujo governador era um crítico das privatizações realizadas pelo ex-presidente Fernando Henrique Cardoso, adotou a mesma estratégia, impulsionada por seu secretário da Fazenda, Eduardo Campos. Pernambuco vendeu, por exemplo, o Bandepe e a Companhia Energética de Pernambuco (Celpe), em 1998, último ano de sua gestão. Arraes queria recursos para aplicar em obras e, dessa forma, impulsionar sua reeleição. Mas havia um problema: em fevereiro de 1998, o governo contratou o Banco

Nacional de Desenvolvimento Econômico e Social (BNDES) para cuidar do processo de privatização, que só ocorreria em novembro daquele ano. O acordo previa que, com a formalização do contrato, o banco pagaria ao governo de Pernambuco quatro parcelas de R$ 700 milhões – havia a possibilidade de que a Celpe fosse vendida por mais de R$ 2 bilhões. A primeira parte deveria vir um mês após o acordo entre as partes, ou seja, em março, o que possibilitaria a Arraes aplicar as verbas em várias frentes, dando visibilidade à sua gestão e tentando resgatá-la dos baixos índices de popularidade. No entanto, o deputado Mendonça Filho (PFL, atual DEM), candidato a vice-governador na chapa de Jarbas Vasconcelos (PMDB), valeu-se de uma resolução do Tribunal de Contas da União (TCU) que impedia a antecipação do pagamento. Arraes esperneou. Foi ao Supremo Tribunal Federal (STF) e conseguiu uma liminar do ministro Maurício Correa liberando os recursos. Mas o governo federal, que tinha como vice-presidente Marco Maciel (PFL), adversário histórico de Arraes, contestou, e o dinheiro não saiu.

Arraes percebeu que sua reeleição dificilmente ocorreria. E estava certo. Perdeu, ainda no primeiro turno, para Jarbas. O peemedebista obteve 64,13% dos votos válidos, enquanto o socialista conseguiu o apoio de apenas 26,37% do eleitorado – a diferença foi distribuída entre outros quatro concorrentes. Homem prático, Arraes investiu para que a família não ficasse longe do poder. E, novamente, impulsionou o neto. Eduardo Campos foi o deputado federal mais votado naquele pleito em Pernambuco. Recebeu 173.657 votos. O segundo colocado foi Inocêncio Oliveira (PFL), com 162.412 votos. Era a primeira vez que Eduardo Campos estava sozinho no poder em nome da família.

Na Câmara, sua atuação no período foi discreta. Embora tenha apresentado várias proposições, a maioria tratava de sugestões ou pedidos de informações acerca das ações do governo para Pernambuco ou congratulações de alguma autoridade. Uma das propostas de Eduardo Campos instituía o dia 26 de janeiro como data histórica no calendário de efemérides brasileiro. A ocasião marcava a chegada do navegador espanhol Vicente Yañez Pinzón ao Cabo de Santo Agostinho, em Pernambuco. O projeto de decreto legislativo foi arquivado. Mas ele também procurou legislar em causas mais nobres. O projeto de Lei n. 4.844/2001, de sua autoria, previa a redução do prazo de carência em planos de saúde para doenças ou lesões preexistentes, e garantia aos empregados demitidos sem justa causa e aos aposentados um período de cobertura. Como integrante da CPI da Nike (também conhecida como CPI do Futebol), Campos apresentou um requerimento pelo qual tentou forçar a Nike a apresentar todos os contratos mantidos com Ronaldo Nazário de Lima, o Fenômeno.

Em 2002, Eduardo tornou a concorrer a outra vaga na Câmara. Naquele pleito, a família buscou votos não apenas para ele, mas para Arraes também. Além disso, o velho líder, com 85 anos, buscou outro mandato de deputado federal. O governo de Pernambuco tinha ficado para trás, na história. Mas ele entendia que não podia encerrar sua vida pública com uma derrota, como ocorrera quando perdeu a reeleição de 1998. Arraes foi o quarto candidato mais votado do Estado, com 181.235 votos. Os três mais votados, na ocasião, eram seus oponentes em nível local: Carlos Eduardo Cadoca (PMDB), apoiado por Jarbas Vasconcelos, com 211.864 votos; o ex-governador e ex-prefeito do Recife Roberto Magalhães (PSDB), com 204.768 votos, e o longevo Inocêncio Oliveira (PFL), com 196.474 votos; Eduardo Campos ficou em 12º entre os eleitos, com 69.975 votos. Embora a quantidade de votos recebida tenha sido praticamente um terço da eleição anterior, o que importava era que, pela primeira vez, avô e neto haviam sido eleitos para a mesma Casa.

Apesar de realmente admirar o avô, por quem tinha uma afeição muito grande, Eduardo sabia que era questão de tempo substituí-lo como líder. Já havia andado muito com Arraes, compartilhara com ele experiências bem-sucedidas e outras nem tanto, havia sido fiel a ele a vida toda, e esperava a hora de assumir a herança política em nome da família. A eleição de 2002 levou o sindicalista Luiz Inácio Lula da Silva à Presidência, e Arraes e Eduardo trataram de comandar a bancada do PSB para que o partido se mostrasse fiel ao novo mandatário. Eduardo foi eleito líder da legenda na Câmara e começou a se destacar na ajuda ao Palácio do Planalto nos encaminhamentos das reformas Tributária e da Previdência. Lula, que já o conhecia, mas não a ponto de tê-lo muito próximo, gostou do jeito como ele agia e, em 2004, nomeou-o ministro da Ciência e Tecnologia. Na divisão de cargos, a vaga já pertencia ao PSB, era ocupada por Roberto Amaral, que deixou o posto na primeira reforma ministerial de Lula, em janeiro de 2004.

Eduardo permaneceu como ministro até abril de 2006, quando se afastou para concorrer ao governo de Pernambuco. Arraes havia morrido em 13 de agosto de 2005, e, imediatamente, Eduardo passou a presidir o PSB em nível nacional. Era chegada a hora de o neto se tornar personagem sem sombra e mudar o sobrenome do clã para Accioly Campos.

VAMPIROS SUGAM A CANDIDATURA OPOSITORA

Quando Eduardo Campos lançou sua candidatura ao governo de Pernambuco, as pesquisas lhe davam 3% das intenções de voto. O primeiro colocado era o governador Mendonça Filho (PFL), que havia assumido o governo com a saída de Jarbas Vasconcelos para disputar o Senado. Humberto Costa, ex-ministro da Saúde de Lula, estava em segundo. Costa é filiado ao PT desde 1980 e já ocupou diversos postos em nome da legenda: foi vereador, deputado estadual, deputado federal e atualmente é senador. Em 2002, havia concorrido ao governo de Pernambuco; ficou em segundo lugar, perdendo para Jarbas. A votação – Costa obteve 34,1% dos votos válidos, contra 60,4% de Jarbas – o credenciou a tentar conquistar o Palácio das Princesas em 2006. Médico de formação, Costa assumiu o Ministério da Saúde logo na posse do primeiro mandato de Lula. E sua passagem pela Pasta rendeu-lhe dores de cabeça durante a campanha, redundando em sua derrota. Embora tivesse implementado importantes programas, como a Farmácia Popular e o Samu, além da criação da Empresa Brasileira de Hemoderivados e Biotecnologia (Hemobras), Costa foi envolvido, durante a campanha, no escândalo que ficou conhecido como Operação Vampiro – fraudes em licitação, ocorridas, segundo a Polícia Federal, entre 1999 e 2004. A Polícia Federal apurou que as irregularidades ocorriam na contratação de hemoderivados pelo ministério. O prejuízo aos cofres públicos foi estimado em R$ 2,3 bilhões. Das 11 pessoas acusadas de fazer parte do esquema, três haviam sido indicadas por Costa. Foi o suficiente para que as suspeitas fossem direcionadas contra ele.

Com a campanha na rua e as denúncias veiculadas pela imprensa, a candidatura de Humberto Costa foi rolando ladeira abaixo, enquanto a de Eduardo Campos só fazia subir. De um mês para o outro, Eduardo chegou a subir 14 pontos percentuais nas pesquisas. A *Veja* publicou uma matéria na qual dizia que a Polícia Federal indiciara Costa e Delúbio Soares sob acusação de receberem propina – a revista, inclusive, afirmava que, de acordo com a PF, os dois até brigavam pela quantia. O PSB de Eduardo fazia parte do governo de Lula. Eduardo e Costa haviam feito um pacto de não agressão, pensando já em um eventual segundo turno. Quem passasse para o segundo turno teria o apoio do outro. Por isso, Eduardo foi discreto em público sobre o assunto, o qual foi extensamente explorado pela oposição. Quando a votação no primeiro turno chegou ao fim, aconteceu o que já era esperado: Humberto Costa terminou em terceiro. O primeiro colocado foi Mendonça Filho (DEM) e Eduardo Campos ficara em segundo. Para Costa não restou outra opção senão apoiar Eduardo, que acabou vencendo a disputa. Na época, Lula já havia passado pelo turbilhão do mensalão e exalava popularidade, não abrindo mão de gravar propaganda no horário eleitoral para o neto de Arraes.

Com a vitória de Eduardo, Humberto Costa se tornou seu secretário das Cidades. Porém, no fundo, o petista sempre desconfiou de que Eduardo pudesse ter algum envolvimento na ligação de seu nome com as fraudes. Mesmo não tendo certeza, o petista nunca perdoou o socialista por isso. Eduardo serviu como escudo contra as críticas de que um acusado de integrar um esquema de fraude pudesse atuar no primeiro escalão do governo de Pernambuco.

Eduardo Campos era uma pessoa carismática e pragmática. Essa característica é elogiada até mesmo por antigos opositores. Era uma figura de boa conversa, deixava o interlocutor à vontade quando tinha interesse em algo que o outro podia lhe oferecer e sabia ouvir e até desarmar espíritos mais beligerantes. Alguns o classificavam como "encantador de serpentes". No Recife, contam uma história recente que ilustra bem como era seu jeito de agir. Dizem que o pastor Silas Malafaia havia marcado uma reunião com Eduardo, já na condição de pré-candidato à Presidência, no escritório do socialista, em São Paulo. Mas Eduardo estava atrasado. Muito atrasado. Malafaia impacientou-se e disse que não esperaria mais. A secretária de Eduardo tornou a ligar para ele e Eduardo mandou dar um recado ao pastor: "Diga-lhe que se ele for embora eu vou ficar frustrado, porque um dos meus sonhos é conhecê-lo pessoalmente."

Malafaia cedeu ao apelo emocional, embora Eduardo tenha demorado ainda um pouco mais para chegar. O pastor saiu da reunião praticamente como cabo eleitoral garantido do socialista. Em outubro de 2013, Malafaia foi só elogios para a união entre Eduardo Campos e Marina Silva. Em sua conta no Twitter, publicou: "Muito tempo que não falo aqui. Eduardo Campos fez gol de placa Marina Silva de vice" (sic). E repetiu duas vezes uma provocação ao PT: "Chora, PT."

Além da simpatia, Eduardo Campos era reconhecido também por duas outras características: era um *workaholic*, que trabalhava sem se importar com as horas, e um homem extremamente dedicado à família. No Recife há vários exemplos de sua maneira intensa de trabalhar. Ex-colaboradores contam que ele adotou como prática fazer reuniões periódicas com os secretários, nas quais se municiava de vários dados em planilhas para aferir como andava a qualidade do serviço das pastas. Se a comparação com algum item demonstrava queda nos índices, ele mesmo telefonava para o diretor de um hospital público, por exemplo, para saber o motivo e cobrar melhorias. Também não se furtava de outras obrigações do cargo. Uma vez, Eduardo estava no sertão e partiria para Garanhuns para a abertura do Festival de Inverno, que acontece anualmente em julho na cidade do agreste pernambucano. Chovia muito, e, por isso, o avião não conseguiu pousar. O jeito foi seguir para o Recife. Mas Eduardo não desistiu do compromisso e foi de carro, percorrendo os mais de duzentos quilômetros até a cidade. Chegou atrasado, mas chegou.

Outro episódio demonstra a atenção que dava aos aliados. Certa vez, chegou por volta de duas da manhã no Recife, vindo do Rio de Janeiro, onde havia participado de uma reunião do PSB. Havia marcado um café da manhã às sete da manhã com um deputado da base, e o recebeu pontualmente. Às oito, já estava a caminho de Surubim (distante 123 quilômetros do Recife), conhecido em Pernambuco como a capital da Vaquejada.

Eduardo Campos gostava de aparecer em público como um político jovem, que queria romper com práticas consideradas ultrapassadas e reprovadas pela sociedade, como o fisiologismo ou o nepotismo. No entanto, em sua administração, não foi o que se viu – e no Jornal Nacional, na noite anterior à sua morte, Eduardo foi questionado sobre isso. O candidato à Presidência, que dizia que iria governar deixando as velhas raposas na oposição – e ele incluía nesse balaio políticos como o presidente da Câmara, Henrique Eduardo Alves (PMDB-RN) e os senadores José Sarney (PMDB-AP), Renan Calheiros (PMDB-AL), Fernando Collor (PTB-AL) –, quando foi governador não se sentiu constrangido em abraçar personagens com histórico de controvérsias. Foi o caso, por exemplo, do ex-presidente da Câmara Severino Cavalcanti (PP-PE), que deixou o cargo depois que foi denunciado por cobrar um "mensalinho" para autorizar o funcionamento de um restaurante na Câmara. A filha dele, Ana Cavalcanti, foi secretária de Esportes de Eduardo.

Inocêncio Oliveira, que, entre outras coisas, foi flagrado oferecendo veículos da Polícia Rodoviária Federal (que controlava no Estado) para a Associação dos Futuros Produtores de Cabrobó, além de utilizar o Departamento Nacional de Obras Contra as Secas (DNOCS) para perfurar poços artesianos em suas fazendas, indicou o secretário de Turismo na gestão de Eduardo Campos.

FAMILIARES EM TODOS OS LUGARES

Uma vez eleito governador, Eduardo se cercou de pessoas de sua inteira confiança. Blogs como *Viomundo*, e jornais como *O Globo*, publicaram uma relação de integrantes da família Campos que estavam aboletados em cargos na administração pública do Estado. Eram primos, tios, parentes de sua esposa, Renata Campos... Os exemplos eram muitos. Sua cunhada, médica formada, foi alçada a gerente de política pública de saúde no Estado. Um dos filhos dela trabalhou na chefia de gabinete de Eduardo. Um primo do governador tornou-se chefe da Casa Civil; um outro foi membro do conselho de administração da Companhia Pernambucana de Saneamento (Compesa), e o sogro de Eduardo integrou o mesmo conselho. Apesar desses vínculos, a assessoria de imprensa do governador informou, na época em que foram veiculadas as reportagens, que Eduardo foi o primeiro administrador a aprovar uma lei antinepotismo no país, antes mesmo do decreto presidencial que tratou do assunto. A lei aprovada pela Assembleia Legislativa de Pernambuco é de outubro de 2007. O decreto, de junho de 2010. Quando Eduardo deixou o governo, em 4 de abril de 2014, para se candidatar à Presidência, fez questão de fazer uma homenagem à mulher. Em seu discurso de despedida do Palácio do Campo das Princesas, disse que, sem ela ao seu lado, nada seria possível. E não se esqueceu do avô, a quem atribuiu ensinamentos que carregou durante a vida toda:

– Saio com a esperança revigorada. A esperança de um Brasil democrático; com educação de qualidade para todos; generoso com as diferenças; mais equilibrado regional e socialmente, que cuide do nosso maior patrimônio humano: um povo diversificado em sua expressão cultural e consciente do nosso patrimônio natural.

E afirmou, para continuar:

– Levo comigo antigas e sábias lições, transmitidas pelo meu avô, Miguel Arraes. Dele aprendi o essencial para a vida pública: a defesa da democracia, da soberania nacional, a crença na organização popular e o compromisso com os excluídos.

A saída do governo de Pernambuco para tentar chegar à Presidência foi marcada por simbolismos, bem ao gosto de Eduardo. Ele fez questão de lembrar que, cinquenta anos antes, Arraes era retirado do Palácio das Princesas por causa do golpe militar.

– Há cinquenta anos, em 1º de abril de 1964, o governador Miguel Arraes deixava este palácio sob escolta militar, em direção à prisão e depois ao exílio, por se recusar a renunciar ao mandato que lhe fora outorgado pelo voto democrático dos pernambucanos. Arraes saiu pela porta da frente e por ela voltou mais duas vezes, nos braços do povo, que com alegria lhe devolveu o mandato que tentara lhe usurpar o arbítrio. Hoje, depois de dois mandatos, deixo o Palácio do Campo das Princesas pela mesma porta da frente, rumo a novas lutas a que me levam compromissos sociais, históricos e políticos.

Eduardo Campos e Renata começaram a namorar quando eram adolescentes. Ele tinha 15 anos, e ela, 13. Casaram-se em janeiro de 1991. Ele com 26 anos, ela com 24. Renata era mais do que a esposa dele e mãe dos filhos do casal. Ela sempre gostou de política e, na década de 1980, se engajou nas campanhas da Frente Popular, integrada por PT, PSB e PCdoB. Matéria da repórter Júnia Gama, publicada no jornal *O Globo* no dia da morte de Eduardo, conta um pouco da relação do casal. Perguntada se o assédio das mulheres sobre o marido nas campanhas eleitorais era grande, Renata contou que, em 2006, quando Eduardo concorria ao governo de Pernambuco, assessores relataram a ela as abordagens femininas, e ela brincou: “Olhe, tudo bem, mas livre a boca!”.

O casal tem cinco filhos. O último nasceu em 29 de janeiro de 2014, com Síndrome de Down. Recebeu o nome de Miguel, em homenagem ao avô do candidato. O casal já sabia que o mais novo herdeiro tinha um problema de saúde, mas fez um gesto bonito: não transformou o bebê em peça de marketing e somente quando ele nasceu é que o assunto se tornou público. Os pais não tiveram receio de esconder nada, dando um exemplo para muita gente.

Quando Miguel nasceu, Eduardo comoveu o país ao postar em sua página no Facebook: "Obrigado a todos que nos mandaram tantas lindas mensagens pela chegada do nosso Miguel. Hoje, os médicos confirmaram o que já estava pré-diagnosticado há algum tempo. Miguel, entre outras características que o fazem muito especial, chegou com a Síndrome de Down. Seja bem-vindo, querido Miguel. Como disse seu irmão, você chegou na família certa! Agora, todos nós vamos crescer com muito amor, sempre ao seu lado. Eduardo, Renata, João, Maria Eduarda, Pedro e José."

Eduardo era considerado um "homem de família". Ao contrário de muitos políticos que fingem viver em harmonia com seus familiares, esse convívio de Eduardo, Renata e os cinco filhos era uma coisa natural e todos que frequentavam a casa deles tinham a mesma impressão: a de uma família unida. O Dia dos Pais de 2014 coincidiu com o aniversário de 49 anos de Eduardo. Os filhos prepararam uma surpresa: um vídeo com depoimentos, publicado no YouTube. "Num dia tão especial como o dia de hoje, onde a gente comemora a sua vida e o pai brilhante que você é e você sempre foi", diz Maria Eduarda num trecho do filmete de um minuto e meio. Os filhos agradecem ao pai pelo amor, carinho e dedicação a eles e a Renata. "Pai, nós te amamos", finalizam rindo os quatro filhos maiores, com Miguel no colo de Maria Eduarda. No dia da morte de Eduardo, muita gente postou o vídeo no Facebook, comovendo vários brasileiros.

Esse lado familiar de Eduardo era expandido a outras pessoas. No Dia dos Pais de 2014, ele telefonou logo cedo para Aécio Neves (PSDB). Embora fossem adversários na eleição presidencial, os dois mantinham um bom relacionamento e, antes de a campanha começar, encontraram-se várias vezes para conversar sobre o cenário político. No dia 10 de agosto, Eduardo não queria falar de política com Aécio, mas apenas cumprimentá-lo pela efeméride e pelo fato de o filho do tucano, Bernardo, ter deixado o hospital, depois de 65 dias internado – ele e sua irmã gêmea, Júlia, nasceram prematuros, em 7 de junho. Aécio aproveitou para parabenizar Eduardo pelo aniversário.

Apesar de não ser tão religioso quanto Renata, que é católica praticante, ele a acompanhou na peregrinação a Santiago de Compostela – uma parte feita a pé, outra, de bicicleta. Bebia pouco – a preferência era por uísque, embora não dispensasse um bom chope – e se divertia imitando personalidades, algumas políticas. Uma de suas melhores performances era engrossar a voz fazendo-se passar pelo ex-presidente Lula; diz-se que o próprio Lula gostava. Outros tipos dos quais conseguia uma boa caracterização era o próprio avô e Leonel Brizola, ex-governador do Rio Grande do Sul e do Rio de Janeiro. No pouco tempo que lhe sobrava quando não estava fazendo política, gostava de estar com a mulher e os filhos. Ela o acompanhava em quase tudo. Quando ele era deputado, Renata, que é auditora concursada do Tribunal de Contas do Estado (TCE), foi transferida para o gabinete dele. A devoção à mulher era tanta que ele concedeu a Medalha de Mérito Penitenciário a ela. O mimo consta nos Atos do Governador, e foi publicado no Diário Oficial do Estado em 10 de setembro de 2011. A justificativa para a outorga da honraria foram "os relevantes serviços prestados ao sistema prisional do Estado". Durante o mandato do marido, Renata foi secretária de Desenvolvimento Social e Direitos Humanos. Em 11 de abril de 2014, por meio de uma portaria, Renata passou a ser lotada no gabinete do presidente do Tribunal de Contas do Estado, Valdecir Fernandes Pascoal.

Eduardo Campos dedicava atenção especial ao TCE. Além da própria mulher, há outros amigos e correligionários que ocupam algum cargo na entidade. Flávio Rubem Accioly Campos Filho, primo do governador, trabalhou por quatro anos no tribunal e em janeiro de 2007, depois que Eduardo tomou posse do segundo mandato, foi nomeado para um cargo em comissão de assessor da presidência daquele órgão. O filho dele, Flávio Rubem Accioly Campos Neto, foi assessor da Secretaria Especial da Juventude e Emprego no governo do primo. Danilo Jorge de Barros Cabral, amigo da família que passou no mesmo concurso que Renata, foi secretário das Cidades do governo. Ricardo Calheiros de Andrade Lima, primo de Renata, é inspetor de obras do TCE e foi presidente da Companhia Estadual de Habitações e Obras (Cehab) na administração de Eduardo.

Em 2013, o governador indicou para uma vaga de conselheiro no tribunal o ex-deputado Ranilson Ramos, que foi um dos colaboradores mais próximos de Eduardo. Quando virou ministro de Ciência e Tecnologia, Eduardo o levou para ser o coordenador de Programas de Desenvolvimento Tecnológico do Ministério. Depois, já eleito governador, ele o tornou presidente da Agência Reguladora de Pernambuco (Arpe), secretário de Relações

Institucionais e secretário de Agricultura e Reforma Agrária. Outro indicado por ele para o TCE foi Marcos Coelho Loreto, que foi assessor especial de Eduardo quando este era deputado federal e ocupou a mesma função no Ministério de Ciência e Tecnologia. Logo após assumir o primeiro mandato, em julho de 2007, Eduardo o tornou conselheiro do TCE. Loreto era um amigo de longa data e fiel ao governador. Na época do escândalo dos precatórios, não foram poucas as vezes em que ele foi pegar Eduardo no aeroporto de João Pessoa para evitar o assédio no aeroporto de Recife.

Quando Eduardo resolveu candidatar-se ao governo do Estado, em 2006, também pensou na continuidade do clã em outras esferas de poder. Então lançou sua mãe, Ana Arraes, como candidata a deputada federal. Ela foi eleita com 178.467 votos. Foi a segunda mulher do Estado a se tornar deputada federal – a primeira foi Cristina Tavares. Em 2010, foi reeleita, com 387.581 votos, tornando-se a mais votada de Pernambuco e a quinta mais votada do país naquele pleito. Em sua segunda passagem pela Câmara, tornou-se líder do PSB. Graças ao trabalho de Eduardo, que contava com a simpatia do então presidente Lula, Ana foi indicada – e aprovada – para ser ministra do Tribunal de Contas da União (TCU), cargo que ocupará até 2017, quando completará 70 anos e terá de se aposentar. Uma vez empossada no posto "imexível", Ana, que até então era conhecida em Brasília praticamente apenas por ser filha do ex-governador Miguel Arraes e mãe do governador Eduardo Campos, tornou-se protagonista de situações embaraçosas.

O jornal *O Globo* publicou uma reportagem em 19 de fevereiro de 2012 demonstrando que, quatro meses depois de ter deixado a Câmara para se tornar ministra do TCU, ela ainda resistia em desocupar o apartamento funcional que ocupava. O prazo havia terminado em 22 de novembro, mas Ana alegou que o outro imóvel para o qual iria ainda passava por reformas. O então quarto-secretário da Câmara, deputado Júlio Delgado, do mesmo partido que Ana e Eduardo, explicou que não restaria outra alternativa que não fosse aplicar uma multa diária de R$ 100 por dia. Ela ainda tentou demover a Mesa Diretora da ideia da aplicação da norma, mas não teve jeito. Mesmo assim, saiu barato, porque a multa total ficaria entre R$ 6 mil e R$ 9 mil, e o aluguel mensal de um apartamento como o ocupado por ela em Brasília, com mais de 150 metros quadrados, não sai por menos de R$ 5 mil. Se fosse pagar por três meses de locação, teria de arcar com R$ 15 mil.

Mesmo recebendo vencimentos de R$ 26,6 mil mensais, Ana Arraes resistia em desembolsar algum dinheiro para pagar sua própria moradia. Após ter deixado o imóvel da Câmara, ela foi se instalar em outro, do Senado, como revelou a coluna "Panorama Político", do jornalista Ilimar Franco, de *O Globo*, em 16 de abril de 2014. O Senado costuma ceder alguns de seus imóveis para autoridades e, até 2013, não cobrava aluguel. A Mesa Diretora do Senado, por meio de um ato, determinou que, a partir de 1 de julho de 2013, passaria a cobrar taxa de ocupação, administração e conservação dos imóveis que lhe pertencem e são ocupados por outros que não sejam senadores. E, nesse caso, estava Ana Arraes. O valor mensal seria de R$ 7.116,67, média de mercado apurado pelos técnicos do Senado. Ana Arraes e outras autoridades que se beneficiavam das comodidades oferecidas, até então de forma gratuita, foram informadas do teor da decisão. Mas, uma vez mais, ela resistiu e bateu pé para não pagar. Em 24 de outubro, o diretor-geral do Senado, Antônio Helder Medeiros de Rebouças, encaminhou um ofício ao secretário-geral de Administração do TCU, Eduardo Monteiro de Rezende, cobrando uma resposta. Depois da celeuma, não houve remédio: teve que pagar.

Quando Eduardo Campos e o PT ainda se davam bem, Ana Arraes tentou beneficiar um dos mensaleiros do partido, o ex-diretor de marketing do Banco do Brasil, Henrique Pizzolato. Contrariando o parecer da área técnica do próprio TCU, Ana Arraes isentou Pizzolato da responsabilidade de desvio de recursos do BB para a agência de publicidade de Marcos Valério. Os técnicos haviam proposto a aplicação de multa de R$ 3,7 milhões a Pizzolato e Cláudio de Castro Vasconcelos, seu colega de diretoria. O relatório de Ana Arraes foi aprovado pelos demais conselheiros a um mês do início do julgamento do mensalão. Livre da rejeição das contas por parte do TCU, Pizzolato não teve a mesma sorte em relação ao processo no Supremo Tribunal Federal (STF). Ele foi condenado a 12 anos e 7 meses de prisão por corrupção passiva, peculato e lavagem de dinheiro. De acordo com os ministros do STF, ele desviou R$ 73 milhões do Fundo Visanet, administrado pelo BB, para contas de Marcos Valério. Pizzolato fugiu do país, utilizando um documento falso em nome de um irmão morto, mas foi preso na Itália, onde aguarda o julgamento do pedido de extradição feito pelo Brasil.

Em outra decisão polêmica, Ana Arraes tornou a desconsiderar laudos técnicos do TCU que recomendavam aplicação de multa contra o Instituto de Medicina Integral Professor Fernando Figueira (Imip), que pertence à família do ex-secretário de Saúde de Pernambuco, Antônio Figueira (PSB), e teve como um dos fundadores o tio de Eduardo Campos, Flávio

Accioly Campos, irmão do pai do governador. Outro tio dele, Luís Cláudio Arraes de Alencar, foi coordenador do Centro de Pesquisa Clínica do Imip. Figueira presidiu o instituto até 31 de dezembro de 2010, quando saiu para se tornar secretário da Saúde no segundo mandato de Eduardo. A multa aplicada pelos técnicos do TCU era de apenas R$ 43 mil por descumprimento de uma determinação do próprio tribunal, que mandara o instituto fazer uma descrição detalhada dos contratos com terceiros para cumprir dois convênios com o Ministério da Saúde. O Imip mantém contratos milionários com o governo de Pernambuco para administrar hospitais e seis Unidades de Pronto Atendimento (UPAs) em alguns municípios pernambucanos.

Ana Arraes tinha uma admiração muito grande pelo filho político. Em 2011, ela veio a público negar rumores de que Eduardo seria filho do cantor e compositor Chico Buarque de Hollanda. O boato maledicente circulava há alguns anos no meio político. Mas foi o site de humor *Diário Pernambucano*, da cidade de Taguaritinga do Norte, a 178 km de Recife, que deu espaço para a aleivosia ao publicar um suposto questionamento sobre a paternidade do govenador. A "notícia" logo se espalhou nas redes sociais e foi replicada em outros blogs locais. Por conta disso, Ana Arraes divulgou uma nota na qual desmentiu o boato. No documento, com cinco pontos, ela reafirmou que Eduardo era filho do poeta Maximiano Campos, "de saudosa e respeitável memória", e que só veio a conhecer Chico Buarque em 1986, na casa de Miguel Arraes, quando Eduardo já tinha 21 anos. "São, portanto, alegações criminosas que já estamos tomando providências legais cabíveis." Depois da nota, o site, que se define como uma página de "notícias meio *fake* (falsas), meio reais", desculpou-se.

ADMINISTRADOR DE PROBLEMAS

Na administração de seu governo, Eduardo Campos foi o que se costuma chamar de trator. Quando queria uma coisa, era difícil fazê-lo mudar de opinião. Os opositores não tinham meias palavras para (des)qualificá-lo: acusavam-no de ser ditador, coronel, teimoso e vingativo. Segundo esses oponentes, Eduardo usava plenamente de seus poderes para atrair adesões e punir os que a ele se opunham. Na eleição de 2010, quando derrotou Jarbas Vasconcelos (PMDB) no primeiro turno, obtendo 82,84% dos votos válidos, contra 14,06% do peemedebista, num único dia ele atraiu para seu palanque 11 lideranças do PMDB que, em tese, deveriam apoiar Jarbas. Em maio de 2013, quando o nome do governador já frequentava o noticiário como provável candidato à Presidência, Pernambuco sediou a 17ª Conferência Nacional da União Nacional dos Legisladores e Legislativos Estaduais (Unale), que reuniu cerca de 1.300 participantes de todo o país. Na ocasião, assinou uma proposta para adoção do orçamento impositivo no Estado, deixando a presidente Dilma Rousseff na defensiva, pois o presidente da Câmara, Henrique

Eduardo Alves (PMDB), tentava dobrar o governo federal para aceitar a medida, uma de suas plataformas entre os colegas para elegê-lo.

Em dezembro de 2013, o governador ficou muito irritado com o seu secretário de Defesa Social, Wilson Damázio, que numa entrevista ao *Jornal do Commercio*, de Recife, ao falar sobre denúncias de abusos sexuais cometidos por policiais, disse que desvio de conduta há em todo lugar e que as mulheres gostam de homens fardados. Damázio é policial civil e federal há 30 anos. De quebra, ainda equiparou os homossexuais a ladrões. "Desvio de conduta a gente tem em todo lugar. Tem na casa da gente, tem um irmão que é homossexual, tem outro que é ladrão, entende? Lógico que a homossexualidade não quer dizer bandidagem, mas foge ao padrão de comportamento da família brasileira tradicional", disse ele e acrescenta: "As mulheres, às vezes, até se acham porque estão com um policial. O policial exerce um fascínio no dito sexo frágil. Eu não sei por que é que mulher gosta tanto de farda", teorizou. Com a repercussão negativa, Damázio pediu demissão do cargo.

No dia seguinte, publicamente, Eduardo saiu em defesa de seu ex-colaborador, dizendo que ele cometeu um erro, mas que foi humilde ao se desculpar e deixar o posto. No privado, porém, não foram poucos os palavrões que Eduardo proferiu pelo desastre político, num momento em que ele tentava passar à opinião pública a imagem de um homem moderno e aberto a todos os segmentos da sociedade. Já durante a campanha eleitoral para presidente, Eduardo não teve receio de assumir uma posição clara sobre um tema polêmico, evitado pelos demais candidatos: ele era a favor da união homoafetiva. E, de forma clara, posicionou-se contra o aborto e a descriminalização da maconha.

Em novembro de 2009, Eduardo Campos enfrentou a primeira denúncia de corrupção em seu governo. O episódio ficou conhecido no Estado como "escândalo dos shows-fantasmas". A denúncia partiu da oposição e o Ministério Público Federal, depois de investigar, concluiu que houve irregularidades graves. O esquema funcionava assim: a Empresa de Turismo de Pernambuco (Empetur) firmou convênios com 11 prefeituras para a realização de shows. Três produtoras ficaram encarregadas de produzir os espetáculos. Mas não houve apresentação alguma. O dinheiro que seria para pagar os artistas acabou desviado. De acordo com o Ministério Público, a fraude pode ter custado mais de R$ 60 milhões. Na época, o secretário de Cultura, a quem a Empetur está ligada, era o deputado estadual Silvio Costa Filho (PTB), cujo pai, o deputado federal

Silvio Costa (PSC), um tipo bonachão, é conhecido em Brasília por falar o que lhe vem à cabeça e, às vezes, resvalar para a truculência. Silvio Costa Filho negou qualquer envolvimento no caso e pediu para deixar a Pasta. Mas, no Recife, nos meios políticos, começava a se espalhar informações de que ele estaria envolvido com a falcatrua. Em um rompante, Silvio, pai zeloso, invadiu a Rádio Jornal, no Recife, durante a apresentação do programa de Geraldo Freire, pediu para falar e vociferou contra todos que acusavam seu filho, direta e indiretamente:

> O limite do meu silêncio é o limite da dignidade e honra do meu filho e da minha família. O problema é por conta do crescimento dele, por ciúme. Meu filho não tem nada a ver com isso, é um jovem sério, que tem berço, é deputado estadual, vai se reeleger, e em 2012 é candidato a prefeito de Recife. São 11 prefeitos, então onde não ocorreu o show, onde o prefeito falsificou a declaração, esse cara tem que ser preso.

Eduardo Campos veio a público dizer que tudo seria apurado. O interventor na Empetur foi Paulo Câmara, funcionário de carreira do TCE, que virou secretário de Eduardo Campos e depois foi ungido por este para ser o candidato ao governo do Estado.

Os Silvios – pai e filho – apoiam, em 2014, o senador Armando Monteiro Neto (PTB) para governador. Depois do escândalo vir à tona, Eduardo enviou um projeto para a Assembleia Legislativa a partir do qual determinava-se que todo show teria de ter registro em vídeo para provar que, de fato, ocorreu. Durante os outros anos de mandato, não houve mais nenhum caso rumoroso de irregularidades com o dinheiro público.

A última inauguração do ex-presidente Lula antes de deixar o mandato foi o parque Dona Lindu, no Recife. Naquele dia, em 30 de dezembro de 2010, Eduardo foi só elogios ao líder, a quem tinha grande consideração. Na ocasião, lembrou da trajetória da mãe do presidente, emocionando-o:

> Esta homenagem que se faz a Dona Lindu é pra que cada um de nós perceba o quanto podemos ser mais largos na compreensão do papel que cabe a Pernambuco no futuro. A generosidade foi a marca da vida de Dona Lindu e é a [marca da vida] do presidente Lula. Se Dona Lindu deixou algo fundamental para os filhos foi a generosidade, que é muito mais forte nas mulheres que nos homens.

Naquele momento, Eduardo ainda não pensava, com convicção, em se candidatar à Presidência.

Embora não morresse de amores pela sucessora do petista, Dilma Rousseff, o governador sabia que era importante manter um bom relacionamento com o Palácio do Planalto porque, afinal de contas, a maior parte das grandes obras no Estado era realizada graças ao investimento federal. O PSB, no mandato de Dilma, voltou a ganhar uma pasta mais polpuda e de maior visibilidade: o Ministério de Integração Nacional, que já fora comandado por Ciro Gomes no primeiro mandato de Lula, além da Secretaria de Portos, cuja indicação ficou por conta dos irmãos Ferreira Gomes.

Em 2009, um ano antes da eleição presidencial, Eduardo deu uma prova de fidelidade a Lula. A pedido do presidente, convenceu Ciro Gomes a transferir seu domicílio eleitoral do Ceará para São Paulo. Lula queria derrotar o PSDB no governo do Estado e achou que Ciro poderia ser uma possibilidade. Ciro preferia ser candidato a presidente, o que, definitivamente, não estava nos planos de Lula, que já havia se decidido por Dilma. Num jantar no Palácio da Alvorada, no qual participaram, além de Lula, Eduardo e Ciro, também a própria Dilma e o vice-presidente do PSB, Roberto Amaral, Eduardo defendeu a candidatura de Ciro à Presidência, afirmando que seria bom tê-lo na disputa – na época, Dilma já havia sido diagnosticada com câncer. Por conta dos incentivos, Ciro manteve a disposição de concorrer. Ensaiado com Lula, porém, Eduardo

Campos começou a fazer um movimento de mudança de rota, e passou a defender, nas conversas de bastidores, que o líder cearense trocasse seu domicílio eleitoral para São Paulo. A pressão começou a aumentar, e Ciro percebeu que não teria forças no próprio partido para lançar seu nome como candidato a presidente. Teve de jogar a toalha, embora, publicamente, ainda dissesse que a Presidência era seu sonho. Sem alternativa, capitulou. O anúncio da alteração de domicílio eleitoral foi feito no Recife pelo próprio presidente do PSB ao lado do correligionário.

Ciro não guarda boas lembranças de Eduardo. Para interlocutores, é um poço de mágoas. Sentiu-se traído pelo fato de o próprio Eduardo o ter incentivado, primeiramente, a se lançar candidato a presidente para, em seguida, mudar o jogo e retirar-lhe o apoio para agradar a Lula. O resultado da manobra: Ciro não foi candidato a nada naquela eleição. E contabilizou mais um ponto contra Eduardo em seus rancores. O candidato ao governo paulista apoiado pelo PSB, na ocasião, foi Aloizio Mercadante (PT), que perdeu para Geraldo Alckmin (PSDB).

A jogada ensaiada de Lula com Eduardo praticamente sepultou a possibilidade futura de Ciro voltar a ser candidato a presidente pelo PSB. O que abria um espaço a ser ocupado por outro. No início de seu segundo mandato à frente do governo de Pernambuco,

Eduardo tentou manter um bom relacionamento com Dilma. Afinal, os dois eram chefes de Executivo, e era importante para ambos uma boa convivência. Eduardo chegara ao segundo mandato cacifado com a vitória avassaladora sobre Jarbas Vasconcelos, adversário de Lula nos planos local e nacional. De quebra, batalhou para dar a Dilma uma boa votação no Estado. E conseguiu. No primeiro turno, ela obteve 61,74% dos votos. A segunda colocada no Estado foi Marina Silva (PV), com 20,30%, e Serra (PSDB) ficou com 17,37%. No segundo turno, a vantagem de Dilma foi de 75,65% a 24,35% para o tucano. Mas no Ceará, onde os irmãos Ferreira Gomes dominam, Dilma teve proporcionalmente um pouco mais de votos que em Pernambuco no segundo turno: 77,35% *versus* 22,65% de Serra.

Eduardo passou a trabalhar para fortalecer seu partido, já de olho em 2014. Queria dar mais musculatura à sigla com vistas, num primeiro momento, a poder se cacifar para ser o vice de Dilma – ou, sonho maior, do próprio Lula. Ele sabia que muitos no PT apenas toleravam Dilma porque, afinal de contas, ela ocupava o maior posto de poder a quem uma legenda almeja, mas a consideravam alheia ao partido, sem interesse algum pela política em si, e, ainda por cima, dona de uma personalidade muito forte, sempre achando que os outros lhe são inferiores. As disputas entre o PT e o PMDB por mais espaço também eram constantes, e Eduardo avaliou que o cenário poderia deteriorar-se, abrindo espaço para ele.

O presidente nacional do PSB colocou toda sua força nas eleições municipais de 2012. Em todo o país, a sigla elegeu 308 prefeitos, um aumento de 42% em relação ao pleito anterior, em 2008. No Recife, tirou do bolso do colete Geraldo Júlio (PSB) e o elegeu no primeiro turno, rompendo a aliança com o PT e impondo outra derrota ao seu adversário, Humberto Campos (PT). Logo após a consagração de seu partido nas urnas, ele avisou, em entrevista: "Em 2014, o PSB vai estar no jogo."

O jogo, na verdade, já tinha começado. O nome de Eduardo Campos começou a aparecer com frequência no noticiário como um possível candidato a presidente, na tentativa de quebrar a polarização entre PT e PSDB. Marina Silva, que havia ficado em terceiro lugar na eleição anterior, estava ainda mais bem posicionada. O PT percebeu que seu aliado estava querendo andar com as próprias pernas. Num primeiro momento, acreditou-se que ele estivesse tentando se resguardar para obter mais espaço para o PSB ou para si próprio, mas como coadjuvante, não como ator principal. Eduardo dava sinais contraditórios. Declarava amor a Lula e fidelidade a Dilma, mas agia para que seu nome ganhasse mais holofotes. Até que chegou o momento em que ou a corda rompia, ou ele a utilizava para subir.

Lula acreditava que poderia demovê-lo da ideia de disputar a eleição presidencial. No princípio, encheu-lhe de afagos publicamente. Chamou-o para conversar em São Paulo, explicando que ele havia se tornado uma liderança nacional, o que era inegável, mas tentando fazê-lo compreender que ainda era jovem e poderia esperar pela próxima eleição, quando ele próprio, Lula, o ajudaria a se posicionar melhor no tabuleiro. O ex-presidente, apesar de não acreditar numa vitória de seu até então aliado, temia a dispersão dos votos e um eventual segundo turno. Sabia que, uma vez Eduardo candidato, um dos principais beneficiários seria Aécio, já que Dilma perderia votos.

O então governador de Pernambuco era uma interrogação ambulante. A alguns interlocutores, dizia que não queria ser candidato, mas as circunstâncias empurravam-no para tal. Ao mesmo tempo, deixava os aliados mais próximos trabalharem para que seu nome estivesse sob os holofotes. Em 18 de setembro de 2013, ele fez uma jogada que deixava clara sua intenção: o PSB devolveu ao governo federal os cargos que ocupava, como o Ministério da Integração Nacional, a Secretaria dos Portos e a diretoria na Companhia Hidroelétrica do São Francisco (Chesf). O partido, presidido por ele, manifestava publicamente que a legenda teria candidato a presidente, mas, uma vez mais, deixava um suspense no ar, ao afirmar que o assunto só seria tratado em 2014.

Lula e outros emissários do ex-presidente procuraram demover Eduardo de se lançar candidato. Aborrecidos com a atitude dele, os petistas pisavam em ovos – tinham vontade de dizer-lhe, publicamente, poucas e boas, mas a cautela sugeria que era melhor demonstrar afeição, para não queimar de vez alguma ponte que ainda restasse. Eduardo, por sua vez, também tinha dúvidas até que ponto poderia ir no seu ataque especulativo. A frase dele, de que o PSB teria candidato, fez com que os Ferreira Gomes rompessem definitivamente com ele e manifestassem seu apoio a Dilma – embora os irmãos detonassem, em conversas com interlocutores, a administração da petista e o próprio jeito de ser da presidente.

O dilema shakespeariano em que Eduardo se encontrava foi abreviado não por ele, mas por uma mulher que não tinha dúvidas sobre sua própria candidatura, embora não tivesse partido para levá-la adiante: Marina Silva. Foi ela que, ao ver negado o registro de seu partido, a Rede Sustentabilidade, no Tribunal Superior Eleitoral (TSE), a Rede Sustentabilidade, telefonou a ele e lhe propôs entrarem juntos na disputa pela Presidência. Marina, que se sente predestinada, não tinha, àquela altura, nenhum pressentimento de que um dia pudesse substituí-lo como a cabeça de chapa. O destino tem seus próprios desígnios.

Na entrevista que concedeu ao Jornal Nacional, na véspera da tragédia que o vitimou, Eduardo Campos encerrou sua fala aos eleitores com duas frases que, com certeza, serão o mote dessa campanha presidencial e refletem o que muito brasileiro pensa: "Não vamos desistir do Brasil" e "O Brasil tem jeito". Quem dará jeito na situação é o que os eleitores definirão em outubro.

[depoimentos]

DILMA ROUSSEFF

O Brasil inteiro está de luto. Perdemos hoje um grande brasileiro, Eduardo Campos. Perdemos um grande companheiro.

Neto de Miguel Arraes, exemplo de democrata para a minha geração, Eduardo foi uma grande liderança política. Desde jovem, lutou o bom combate da política, como deputado federal, ministro e governador de Pernambuco, por duas vezes.

Tivemos Eduardo e eu uma longa convivência no governo Lula, nas campanhas de 2006, 2010 e durante o meu governo.

Estivemos juntos, pela última vez, no enterro do nosso querido Ariano Suassuna. Conversamos como amigos. Sempre tivemos claro que nossas eventuais divergências políticas sempre seriam menores que o respeito mútuo característico de nossa convivência.

Foi um pai e marido exemplar. Nesse momento de dor profunda, meus sentimentos estão com Renata, companheira de toda uma vida, e com os seus amados filhos. Estou tristíssima.

Minhas condolências aos familiares de todas as vítimas desta tragédia.

LULA

Como todos os brasileiros, estou profundamente entristecido com a trágica morte de Eduardo Campos. Um grande amigo e companheiro.

Conheci Eduardo através de seu avô, Miguel Arraes, um memorável líder das causas populares de Pernambuco e do Brasil.

O país perde um homem público de rara e extraordinária qualidade. Tive a alegria de contar com sua inteligência e dedicação nos anos em que foi nosso ministro de Ciência e Tecnologia. Ao longo de toda sua vida, Eduardo lutou para tornar o Brasil um país mais justo e digno.

O carinho, o respeito e a admiração mútua sempre estiveram presentes em nossa convivência.

Nesse momento de dor, eu e Marisa nos solidarizamos com sua mãe, Ana Arraes, sua esposa, Renata, seus filhos e toda a sua família, amigos e companheiros.

Também prestamos solidariedade às famílias dos integrantes da sua equipe e dos tripulantes que faleceram nesse terrível acidente.

AÉCIO NEVES

É com imensa tristeza que recebi a notícia do acidente que vitimou o ex-governador e meu amigo Eduardo Campos. O Brasil perde um dos seus mais talentosos políticos, que sempre lutou com idealismo por aquilo em que acreditava.

A perda é irreparável e incompreensível. Nesse momento, minha família e eu nos unimos em oração à família de Eduardo, seus amigos e a milhões de brasileiros que, com certeza, partilham a mesma perplexidade e pesar.

FERNANDO HENRIQUE CARDOSO

Diante dos fatos que arrancaram a vida de Eduardo Campos, de alguns de seus colaboradores e dos pilotos, minha primeira reação é simplesmente emocional: que tragédia.

Volto-me para os familiares: não há palavras que amenizem as perdas. Ainda assim, expresso minhas condolências, meus sentimentos de tristeza e de pesar.

Quanto ao Eduardo, por quem sempre manifestei respeito, a perda maior é do País. No momento em que nós precisamos de líderes jovens e competentes, perdemos um dos melhores. Sua carreira nacional apenas se iniciava. Fosse ou não eleito, seria um líder para a renovação política que tanto necessitamos. É uma perda irreparável.

MARINA SILVA

Quero pedir a Deus que sustente a Renata, ao Zé, ao João, a Duda, o Pedro, o pequenino Miguel e a todos os familiares dos companheiros de Eduardo Campos. Esta é, sem sombra de dúvida, uma tragédia. Uma tragédia que impõe luto e muita tristeza. Eu sei que os brasileiros estão compartilhando com cada um de nós e principalmente com sua família, com seus amigos e conosco.

Durante esses 10 meses de convivência aprendi a respeitá-lo, admirá-lo e a confiar nas suas atitudes e nos seus ideais de vida. Foram 10 meses de intensa convivência e, como eu disse, começamos a fiar juntos principalmente a esperança de um mundo melhor, de um mundo mais justo.

Eduardo estava empenhado com esses ideais até os seus últimos segundos de sua vida e a imagem que eu quero guardar dele foi a da nossa despedida de ontem – cheio de alegria, cheio de sonhos, cheio de compromissos.

É com esse espírito que eu peço a Deus que possa sustentar sua família, consolar sua família e também a todos nós.

Este livro foi composto em
Original Garamond BT
para a LeYa em agosto de 2014.